# THÉSÉE,
## TRAGÉDIE - LYRIQUE
### EN QUATRE ACTES,

REPRÉSENTÉE POUR LA PREMIERE FOIS,
PAR L'ACADÉMIE-ROYALE
DE MUSIQUE,

Le 11 Janvier 1675.
En Novembre 1707, en Janvier 1721, en Novembre
1729, en Décembre 1744, en Décembre 1754,
en Décembre 1765, en Février 1779.
Remife en Mufique par M. GOSSEC.
Et au Théâtre, le Mardi 26 Février 1782.

PRIX XXX SOLS.

A PARIS,
De l'Imprimerie de P. DE LORMEL, Imprimeur de ladite Académie,
rue du Foin Saint-Jacques, à l'Image de Sainte Genevieve.
On trouvera des Exemplaires à la Salle de l'Opéra.

M. DCC. LXXXII.
AVEC APPROBATION ET PRIVILEGE DU ROI.

Les Paroles de feu QUINAULT.

La Musique de M. GOSSEC.

# ACTEURS ET ACTRICES
## CHANTANS DANS LES CHŒURS.

| CÔTÉ DE LA REINE. | | CÔTÉ DU ROI. | |
|---|---|---|---|
| Mesdemoiselles. | Messieurs. | Mesdemoiselles. | Messieurs. |
| des Rosières. | Candeille. | Dubuisson. | Peré. |
| Veron. | Capoi. | Garrus. | Le Grand. |
| d'Hauterive. | Larlat. | Rouxelin. | Poussez. |
| Thaunat. | Rey. | Sanctus. | Haran. |
| Josephine. | Degental. | Charmoy. | Le Vasseur. |
| Fel. | Méon. | Leclerc. | Touvois. |
| La Maniere. | Cleret. | Des Lions. | Huet. |
| Launer. | Tacusset. | Le Bœuf. | Itasse. |
| Macker. | Baillon. | Desportes. | Jouve. |
| | de Lori. | de Raix. | Moulin. |
| | Fagnan. | | Jalaguier. |
| | Joinville. | | Cavallier. |
| | Martin. | | Bouvard. |

A ij

## ACTEURS.

EGLÉ, *Princesse, élevée sous la tutelle d'*EGÉE, *Roi d'Athènes*, M$^{me}$. St Huberti.
CLÉONE, *Confidente d'*EGLÉ, M$^{lle}$. Girardin.
ARCAS, *Confident d'*ÉGÉE, M. Moreau.
LA GRANDE PRÊTRESSE DE MINERVE, M$^{lle}$. Chateauvieux.
PRÊTRESSES DE MINERVE.
EGÉE, *Roi d'Athènes*, M. l'Arrivée.
SUIVANTS D'EGÉE.
MÉDÉE, *Princesse magicienne*, M$^{lle}$. Duplant.
DORINE, *Confidente de* MÉDÉE, M$^{lle}$. Joinville.
PEUPLES.
THÉSÉE, *Fils inconnu d'*EGÉE, M. Le Gros.
MINERVE, M$^{lle}$ Chateauvieux.
DEUX VIELLARDS, M$^{rs}$. Lainé. Chéron.
UNE VIEILLE, M$^{lle}$. Gavaudan.
COMBATTANTS.
HABITANTS DES ENFERS.
PEUPLES D'ATHÈNES.
LES FURIES.

*La Scêne est à* ATHÈNES.

# PERSONNAGES DANSANTS.

## ACTE PREMIER.

### *PRÉTRESSES.*

M<sup>lle</sup>. Dorlay.

M<sup>lles</sup>. Granier, Coulon.

M<sup>lles</sup>. Rigotini, Auguste, Courtois, c., Puisieux, Dancourt, Louise, Bourgeois, Dauvillier, Desgravelles, St Georges, Dorgeville, Vanloo.

### *LUTTEURS.*

M<sup>rs</sup>. Le Doux, Simonet, Abraham, le Bel.

### *GLADIATEURS.*

M<sup>rs</sup>. Louis, le Breton, Clerget, Henry.

## ACTE SECOND.

### *JEUNESSES.*

M<sup>lle</sup>. Gervais.

M<sup>lles</sup>. Chauvet, Meziere, Henriette, c., Denis.

### *VIEUX & VIEILLES.*

M<sup>rs</sup>. Barré, Caster. M<sup>lles</sup>. Carré, Henriette.

### *PEUPLES.*

M<sup>rs</sup>. Doucet, Milon, Blanche, Giguet, Blondin, Hennequin, c.

M<sup>lles</sup>. Bernard, Seville, le Clerc, la Coste, Simon, Vanloo.

## ACTE TROISIEME.
### *FURIES.*
M$^{rs}$. Simonet, Abraham, Louis.
### *DÉMONS.*
M$^{rs}$. Coindé, Duchaîne, Rivet, Joly, Richard, Pladix, Desbordes, Perolle.

## ACTE QUATRIEME.
### *GRECS & GRECQUES.*
M$^{rs}$. AUGUSTE, FAVRE.
M$^{lles}$. GUIMARD, DORLAY.
M$^{lles}$. GRANIER, COULON.
M$^{rs}$. LE DOUX, LE BRETON.

M$^{rs}$. Lahaye, Clerget, Henry, le Bel, Coindé, Joly, Rivet, Duchaîne.

M$^{lles}$. Bigotini, Auguste, Courtois, c., Puisieux, Dancourt, Louise, Bourgeois, Dauvillier.

### *QUADRILLES.*
M$^{rs}$. Doucet, Milon, Guingret, Guillet, l.
M$^{lles}$. Carré, Henriette, Deperesse, Duplessis.

# *THESÉE*,
## TRAGÉDIE-LYRIQUE.

## ACTE PREMIER.
*Le Théâtre repréſente le Temple de Minerve.*

## SCÈNE PREMIERE.

( *Combattants que l'on entend & que l'on ne voit pas.* )

LE *CHŒUR*.

Avançons, avançons, que rien ne nous étonne;
Frappons, perçons, frappons, qu'on n'épargne perſonne,
  Il faut périr, il faut périr,
  Il faut vaincre, ou mourir.

## SCENE II.

### EGLÉ, COMBATTANTS,
(que l'on ne voit pas.)

#### EGLÉ.

Quel que soit mon destin, il faut ici l'attendre.
Minerve, c'est à vous que je viens recourir!
Divinité, qui devez prendre
Le soin de nous défendre,
Hâtez-vous de nous secourir.

#### COMBATTANTS.

Avançons, avançons, que rien ne nous étonne;
Frappons, perçons, frappons, qu'on n'épargne personne,
Il faut périr, il faut périr;
Il faut vaincre, ou mourir.

## SCENE III.

CLÉONE, EGLÉ, COMBATTANTS,
(que l'on ne voit pas.)

#### EGLÉ.

Est-ce aux Athéniens, est-ce au parti contraire
    Que l'avantage est demeuré ?
Dis-moi, pour qui le sort s'est enfin déclaré ?
    Ton silence me désespere.

#### CLÉONE.

Mes yeux troublés d'effroi n'ont rien considéré,
    Théfée est le Dieu tutélaire,
Qui me donne en ce Temple un refuge assuré ;
Je ne sçais rien de plus & j'ai cru beaucoup faire
De gagner en tremblant cet asyle sacré.

#### EGLÉ.

Au milieu des clameurs, au travers du carnage
Théfée a jusqu'ici conduit mes pas errants,
    Son généreux courage
A fait son premier soin de m'ouvrir un passage
    Entre deux effroyables rangs
      De morts & de mourants.

N'as-tu pas admiré l'ardeur noble & guerriere
Dont il court au péril & s'expose au trépas ?
Ah ! qu'un jeune Héros, dans l'horreur des combats,
  Couvert de sang & de poussiere,
  Aux yeux d'une Princesse fiere,
  A de charmants appas !

### COMBATTANTS.

Il faut périr, &c.

## SCÈNE IV.

### ARCAS, EGLÉ, CLÉONE.

### EGLÉ.

LE Ciel ne veut-il point mettre fin à nos peines ?
Eclaircis-nous, Arcas, quel est le sort d'Athènes.

### ARCAS.

Le combat dure encore, il est sanglant, affreux,
  Et le succès en est douteux.
  Le Roi m'a commandé de prendre
Le soin de l'avertir, s'il falloit vous défendre;
Et ce n'est que pour vous qu'il a connu l'effroi.

#### EGLÉ.
Théfée est-il avec le Roi?
#### ARCAS.
Des plus fiers ennemis il écarte la foule:
On reconnoît sa trace aux flots du sang qui coule.
#### EGLÉ.
O Dieux!
#### COMBATTANTS.
Mourez, perfides cœurs,
Tombez sous les coups des vainqueurs.

## SCÈNE V.
### LA GRANDE PRÊTRESSE, EGLÉ, CLÉONE.
#### LA PRÊTRESSE.
O Minerve! arrêtez la cruelle furie
Qui défole notre Patrie.
#### ENSEMBLE.
O Minerve! arrêtez la cruelle furie
Qui défole notre Patrie.
Ecartez loin de nous la guerre & ses horreurs,
Ciel! épargnez le sang, contentez-vous de pleurs!

## COMBATTANTS.

Liberté, liberté :
Victoire, victoire, victoire.
Courons tous à la gloire.
Combattons avec fermeté,
Défendons notre liberté.
Liberté, liberté :
Emportons la victoire ;
Liberté, liberté,
Victoire, victoire, victoire.

## SCÈNE VI.

LE ROI, LA PRÊTRESSE, EGLÉ, CLÉONE, SUIVANS, &c.

### LE ROI.

Les mutins sont vaincus, leurs Chefs sont immolés,
Leur vaine espérance est détruite :
Tous les Peuples voisins, qu'ils avoient appellés,
Sont dans nos fers, ou sont en fuite.

### LA PRÊTRESSE.

Rendons graces aux Dieux.

### LE CHŒUR.

Rendons graces aux Dieux.

### LE ROI.

Puisque le juste Ciel à nos vœux est propice,
» Allez & préparez un pompeux sacrifice
   A la Divinité qui protege ces lieux.

### LE CHŒUR.

Allons, rendons graces aux Dieux.

( Ils sortent. )

# SCENE VII.

### EGLÉ, LE ROI.

### LE ROI.

Cessez, charmante Eglé, de répandre des larmes ;
  Commençons après tant d'alarmes,
  A jouir d'un destin plus doux.
Puisque je vois mon Trône affermi par les armes,
  J'y veux joindre de nouveaux charmes,
  En le partageant avec vous.

### EGLÉ.

Avec moi ! vous, Seigneur.....

## THESÉE,

*Le ROI.*

Que votre trouble cesse.
C'est peut-être un peu tard vouloir plaire à vos yeux ;
Je ne suis plus au tems de l'aimable jeunesse,
Mais je suis Roi, belle Princesse,
Et Roi victorieux.
Faites grâce à mon âge en faveur de ma gloire ;
Voyez le prix du rang qui vous est destiné ;
La vieillesse sied bien sur un front couronné,
Quand on y voit briller l'éclat de la victoire ;
Parlez, charmante Eglé, parlez à votre tour.

*EGLE.*

Depuis que j'ai perdu mon pere,
Vos soins ont prévenu mes vœux dans votre Cour.
Je dois vous respecter, Seigneur ; je vous révere.

*LE ROI.*

Vous parlez de respect, quand je parle d'amour.

*EGLÉ.*

» Mais votre foi, Seigneur, à Médée est promise.

*LE ROI.*

Je sais que lorsqu'on la méprise,
On s'expose aux fureurs de ses ressentimens ;
Toute la nature est soumise

## TRAGÉDIE-LYRIQUE.

A ſes affreux enchantemens.
Mais j'ai fait élever, en ſecret, dans Tréſenne,
» Un fils qui peut remplir tous mes engagemens;
» Et dans l'âge où l'on plaît ſans peine,
Je veux qu'en épouſant Médée au lieu de moi,
  Il dégage ma foi.

### EGLÉ.

Mais, ſi malgré vos ſoins, Médée ambitieuſe
Ne s'attache qu'au rang que vous me préſentez?...

### LE ROI.

  Que vous êtes ingénieuſe
  A trouver des difficultés !
Que Médée en fureur, s'arme, menace, tonne,
  Il faut que ma main vous couronne,
Quand il m'en coûteroit & l'Empire & le jour.
 Lorſqu'il ſe ſent animé par l'amour,
Un grand cœur ne voit point de péril qui l'étonne,
  J'atteſte Minerve à vos yeux,
  J'atteſte le Maître des Cieux,
  Et ſa foudroyante Juſtice......

### EGLÉ, *l'interrompant.*

 Tout eſt prêt pour le ſacrifice,
  On s'avance en ces lieux ;
  Rendons graces aux Dieux.

## SCÈNE VII.

Le Roi, Eglé, *Suivants du* Roi, Cléone,
La Prêtresse, *Suite.*

### LA PRÊTRESSE.

CEt Empire puissant, que votre soin conserve,
Vient reconnoître ici votre divin secours :
    Favorable Minerve,
    Protégez-nous toujours.

### LE CHŒUR.
Favorable Minerve, &c.

### LA PRÊTRESSE.
Chantez tous en paix,
Chantez la victoire.

### LE CHŒUR.
Chantons tous en paix,
Chantons la victoire,
Et que la mémoire
En vive à jamais.

### LA PRÊTRESSE.
Chantons les attraits,
Dont brille la gloire.

### CHŒUR.

### LE *CHŒUR.*

Chantons tous en paix,
Chantons la victoire,
Et que la mémoire
En vive à jamais.

(*On danse.*)

## SCENE IX.

LE ROI, & les ACTEURS PRÉCÉDENS,
COMBATTANTS *qui apportent les étendards des Ennemis vaincus.*

### LA PRÉTRESSE

O Minerve savante !
O guerriere Pallas !
Souffrez qu'un Jeu sacré dans ces lieux vous présente
Une image innocente
De guerre & de combats.

### LE *CHŒUR.*

O Minerve savante !
O guerriere Pallas !

(*On forme des Jeux de guerre.*)

O Déesse puissante !
Protege ces climats.

## LA PRETRESSE.

Puissions-nous voir toujours Athènes triomphante,
Puisse son Roi, Vainqueur des plus grands Potentats,
La rendre heureuse & florissante !

## LE CHŒUR.

Que la guerre sanglante
Passe en d'autres Etats !
O Minerve savante !
O guerriere Pallas !

*Fin du premier Acte.*

# ACTE SECOND.

*Le Théâtre représente une partie extérieure du Palais d'EGÉE.*

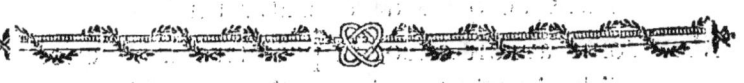

# SCÈNE PREMIERE.

### MEDÉE, DORINE.

#### MEDÉE.

Doux repos, innocente paix,
» Mon cœur vainement vous rapelle ;
» Dévoré d'une ardeur nouvelle,
» Il vous a perdus pour jamais.
L'impitoyable Amour, m'a toujours poursuivie,
N'étoit-ce point assez des maux qu'il m'avoit faits ?
Pourquoi ce Dieu cruel, avec de nouveaux traits,
Vient-il encor troubler le reste de ma vie ?

C ij

### THÉSÉE, DORINE.

» Faut-il vous refuſer au plus juſte penchant ?
Théſée eſt un Héros charmant :
Mépriſez , en l'aimant,
L'ingrat Jaſon qui vous offenſe.

### MÉDÉE.

Un tendre engagement va plus loin qu'on ne penſe,
On ne ſait pas lorſqu'il commence,
Tout ce qu'il doit coûter un jour.
Mon cœur auroit encor ſa premiere innocence
S'il n'avoit jamais eu d'amour.
Mon frere & mes deux fils ont été les victimes
De mon implacable fureur,
J'ai rempli l'Univers d'horreur ;
L'Amour, hélas ! a fait ſeul tous mes crimes.
» J'ai trop vainement combattu,
» C'eſt lui qui m'a rendue inflexible & cruelle :
Le deſtin de Médée eſt d'être criminelle ;
Mais ſon cœur étoit fait pour aimer la vertu.

### DORINE.

Aimez, aimez, Théſée, aimez ſa gloire extrême.

### MÉDÉE.

Mais qui me répondra qu'il m'aime ?

#### DORINE.
Peut-il trouver un sort plus beau ?
#### MÉDÉE.
Peut-être que mon cœur cherche un malheur nouveau.
Mon dépit, tu le sçais, dédaigne de se plaindre :
    Il est difficile à calmer ;
    S'il venoit à se ralumer,
    Il faudroit du sang pour l'éteindre.
#### DORINE.
Que ne peut point Médée avec l'art de charmer !
#### MÉDÉE.
    Que puis-je, hélas ! parlons sans feindre.
Les enfers quand je veux sont contraints de s'armer ;
Mais on ne force point un cœur à s'enflâmer :
Mes charmes les plus forts ne sauroient l'y contraindre !
Ah ! je n'en ai que trop pour forcer à me craindre,
    Et trop peu pour me faire aimer.

## SCENE II.

### LE ROI, MÉDÉE, DORINE.

#### EGÉE.

JE vois le succès favorable,
Des soins que vous m'avez promis.
Médée & son art redoutable
Ont gardé ce Palais contre mes ennemis.
» J'ai trop long-tems négligé l'avantage
» De m'unir....

#### MÉDÉE.

Sans blesser nos communs intérêts,
» On peut de notre Hymen différer les apprêts.

#### EGÉE.

» Je sens, à les presser que, rien ne vous engage;
» Dans le déclin des ans, l'Amour n'est plus heureux;
» J'ai vu fuir les jours du bel âge,
» Et l'espoir d'être aimé s'est éloigné comme eux.
Mais, sans péril enfin je puis faire paroître

# TRAGÉDIE-LYRIQUE.

Un Fils que dans ma Cour je n'ofai reconnoître :
   Il peut venir dans peu de tems,
Et....

### MÉDÉE.

Laiffons votre fils, Seigneur ; je vous entends.
   La jeune Eglé vous paroît belle :
   Chaque jour je m'en apperçoi ;
   Si vous m'abandonnez pour elle,
   Théfée eft feul digne de moi.

## SCENE III.

ARCAS, MÉDÉE, LE ROI.

### ARCAS.

SEigneur, fongez à vous.

### LE ROI.

Quel malheur nous menace ?

### ARCAS.

Théfée eft fi puiffant qu'il peut vous allarmer.
Au li u d'un héritier qui manque à votre race,
Pour votre Succeffeur on veut le proclamer.

THÉSÉE,

LE ROI.

Il faut arrêter cette audace.

## SCENE IV.

(*Derriere le Théâtre.*)

LE CHŒUR.

» Regnez, regnez, Théfée, & rendez-nous heureux.

LE ROI.

» Entendez-vous ces cris tumultueux ?

(*à* ARCAS.)

» Raffemblons au Palais, ma garde difperfée.

MÉDÉE, *vivement.*

» C'eft le crime du peuple, & non pas de Théfée.

PEUPLE, (*Chœur derriere le Théâtre.*)

» Regnez, regnez, Théfée, & rendez-nous heureux.

SCÊNE

## SCENE V.

THÉSÉE *paroît environné du Peuple d'A-thènes, qui se réjouit de la victoire remportée par ce Prince.*

LE *PEUPLE,* (CHŒUR.)

Que l'on doit être
Content d'avoir un maître
Vainqueur des plus grands Rois.

Que l'on entende
Chanter par-tout ses exploits ;
Que toujours il nous défende :
Joignons nos voix ;
Que la victoire
Le comble ici de gloire ;
Suivons, aimons ses loix.

Que l'on entende
Chanter par-tout ses exploits.

(*On danse.*)

## LE CHŒUR.

Que toujours il nous défende :
Qu'il triomphe, qu'il commande.
Qu'il jouisse des douceurs
De régner sur tous les cœurs.

*( On danse.)*

### Trois VIEILLARDS, *Athéniens.*

Pour le peu de bon tems qui nous reste,
Rien n'est si funeste
Qu'un noir chagrin ;
Le plaisir se présente,
Chantons quand on chante.
Vivons au gré du destin.
L'affreuse vieillesse,
Qui doit voir sans cesse
La mort s'approcher,
Trouve assez la tristesse,
Sans la chercher.

*( On danse.)*

### THESÉE.

C'est assez, amis, c'est assez ;
Allez, & que chacun se rende
Aux endroits qu'au besoin il faudra qu'on défende ;
Allez, je suis content de vos soins empressés,

Si vous voulez que je commande,
Allez, allez, obéissez.
( *Le Peuple se retire.* )

## SCENE VI.
### MÉDÉE, THÉSÉE.

*MÉDÉE, à THÉSÉE, qui veut sortir.*

Théfée, où courez-vous, que prétendez vous faire?

#### THÉSÉE.
Chercher le Roi, le voir & calmer sa colere.

#### MÉDÉE.
Le Roi souffrira-t-il que vous donniez la loi?

#### THÉSÉE.
Il n'aura pas lieu de se plaindre :
Si l'on a trop d'ardeur pour moi,
C'est un feu que j'ai soin d'éteindre.

#### MÉDÉE.
Quand on a fait trembler un Roi,
Apprenez qu'on en doit tout craindre.

## THÉSÉE.

Sans un charme puissant qui m'attache à sa Cour,
J'irois chercher ailleurs, une guerre nouvelle.
La gloire m'enflamma dès que je vis le jour,
  Tout mon cœur étoit fait pour elle ;
Mais dans un jeune cœur, la gloire la plus belle,
  Fait aisément place à l'amour.

## MÉDÉE.

Vous aimez.... Mais parlez, que rien ne vous allarme,
J'obligerai le Roi de vous tout accorder.

## THÉSÉE.

  C'est Eglé qui me charme,
Elle est l'unique prix que je veux demander.

## MÉDÉE.

C'est Eglé, dites-vous.... Eglé qui vous engage ?

## THÉSÉE.

» Eglé, par ses vertus, a fixé mon hommage,
» Mon cœur est pour jamais enchaîné sous ses loix,
 » Et je préfere un si doux esclavage,
  » Au sort brillant des plus grands Rois.

## MÉDÉE.

» Il faut vous dévoiler un funeste mystere,
Craignez pour votre amour un obstacle fatal.

## THÉSÉE.
Si Médée est pour moi, qui peut m'être contraire ?
## MÉDÉE.
Vous avez le Roi pour rival.
## THÉSÉE.
Malgré sa foi promise, Eglé pourroit lui plaire !
## MÉDÉE.
Laissez-moi voir Eglé, laissez-moi voir le Roi.
Allez, allez m'attendre,
Et fiez-vous à moi.
Vous connoîtrez bientôt les soins que je vais prendre.

( THÉSÉE *sort.* )

## SCENE VII.

### MÉDÉE, seule.

Dépit mortel, transport jaloux,
Je m'abandonne à vous.
Et toi, meurs pour jamais, tendresse trop fatale :
Que le barbare amour, que j'avois cru si doux,
Se change dans mon cœur en furie infernale.
Inventons quelque peine affreuse & sans égale :
Préparons avec soin nos plus funestes coups.
Ah ! si l'ingrat que j'aime échappe à mon courroux,
Au moins n'épargnons pas mon heureuse rivale.
Dépit mortel, transport jaloux,
Je m'abandonne à vous.

*Fin du second Acte.*

# ACTE TROISIEME.

## SCENE PREMIERE.

MÉDÉE, EGLÉ, CLÉONE, DORINE.

### MÉDÉE.

PRinceffe, favez-vous ce que peut ma colere ?
Quand on l'oblige d'éclater.

### EGLE.

Je prétends ne rien faire
Qui vous doive irriter.

### MÉDÉE.

Eh ! n'eft-ce rien que de trop plaire ?
» Vous élevez vos vœux jufqu'à l'hymen du Roi.

#### EGLÉ.

Si je lui plais, c'est malgré moi.
» Mon cœur n'est point épris de la grandeur suprême,
» Trop souvent le bonheur est dans un rang plus bas.

#### MÉDÉE.

Vous aimez donc Théſée.... ah! n'en rougiſſez pas,
Il n'eſt que trop digne qu'on l'aime !
Je m'intéreſſe à votre amour.
Parlez, vous connoîtrez mon cœur à votre tour.

#### EGLÉ.

J'avois toujours bravé l'Amour & ſa puiſſance,
Avant que d'avoir vu ce glorieux vainqueur ;
Mais la Gloire & l'Amour, tous deux d'intelligence,
Ne ſont que trop puiſſants pour vaincre un jeune cœur.
» Regnez avec le Roi dans une paix profonde,
» Laiſſez-moi mon Amant, mon ſort eſt aſſez doux:
Quand vous poſſéderiez tout l'empire du monde,
Mon cœur n'en ſeroit pas jaloux.

#### MÉDÉE.

Vous m'en avez trop dit, il eſt tems qu'entre nous
La confidence ſoit égale.

Il

Il faut vous dégager d'une chaîne fatale,
Vous aimez un Héros qui ne peut être à vous,
Et Médée eſt votre rivale.

### EGLÉ, *à part.*

Médée ! ô Ciel !....

### MÉDÉE.

Redoutez mon courroux.

### EGLÉ.

Duo.

Nos deux cœurs ſont unis par un amour fidèle.

### MÉDÉE.

En dépit de l'amour, je les veux diviſer.

### EGLÉ.

La chaîne qui nous lie eſt ſi douce & ſi belle !

### MÉDÉE.

J'aurai plus de plaiſir ſi je la puis briſer.

### EGLÉ.

Non, j'aime mieux la mort qu'une lâche inconſtance,
Tout l'Enfer à mes yeux n'auroit rien de ſi noir.

### MÉDÉE.

Pour rompre vos liens & ſervir ma vengeance,

E

THESÉE,

Des Enfers, s'il le faut, j'armerai le pouvoir.

### MÉDÉE.

Puisque vous le voulez, vous allez me connoître,
Si votre amour est tel qu'il veut paroître,
» Ce moment me le fera voir.

(*Le Théâtre change*, & *représente une solitude horrible.*)

## SCÈNE II.

MÉDÉE, EGLÉ, HABITANTS *des Enfers*.

( MÉDÉE *invoque les Habitants des Enfers.* )

### MÉDÉE.

Sortez, Démons, sortez de la nuit éternelle ;
Voyez le jour pour le troubler.

CHŒUR *des Habitans des Enfers, deſſous le Théâtre.*

Sortons de la nuit éternelle.

### MÉDÉE.

Que l'affreux déſeſpoir, que la rage cruelle
Prennent ſoin de vous raſſembler.

CHŒUR *de Démons qui ſortent par grouppes de différens endroits du Théâtre.*

Sortons de la nuit éternelle,
Voyons le jour pour le troubler.

## THÉSÉE,

**EGLE**, *pendant le Chœur.*

» Que d'objets horribles !
» Dieux ! où sommes nous ?
» Quel affreux courroux !
» Quels spectres terribles !

### MEDÉE.

Venez, Peuple infernal, venez ;
Avancez, malheureux coupables ;
Goûtez l'unique bien des cœurs infortunés,
Ne soyez pas seuls misérables.

### LE CHŒUR.

Goûtons l'unique bien des cœurs infortunés,
Ne soyons pas seuls misérables.

### MEDEE.

Ma Rivale m'expose à des maux effroyables ;
Qu'elle ait part aux tourmens qui vous sont destinés.

**MEDEE & le CHŒUR**, *expriment une joie barbare.*

Ne soyons pas seuls misérables,
Goûtons l'unique bien des cœurs infortunés.

(*Ils entourent* EGLÉ, *la poursuivent & la tourmentent.*)

# TRAGÉDIE-LYRIQUE.

### LE CHŒUR.

On nous tourmente
Sans cesse aux Enfers,
Que tout ressente
Nos feux & nos fers.

### MEDÉE, avec le CHŒUR.

Que tout gémisse !
Que tout frémisse !
Quelle douceur de voir souffrir !

### EGLÉ.

Ah ! quel effroyable supplice !
Faites-moi promptement mourir.

### MEDÉE, & le CHŒUR.

Non, non..... Que tout gémisse !
Que tout frémisse !
Quelle douceur de voir souffrir !

### EGLÉ.

Ah ! quel effroyable supplice !
Faites-moi promptement mourir.

### MEDÉE, & le CHŒUR.

Non, non.... Que tout gémisse !
Que tout frémisse !
Quelle douceur de voir souffrir !

# THESÉE,

### EGLÉ.

Ah ! par pitié, frappez, achevez, inhumaine !
Cruelle ! ne voulez-vous pas
Faire cesser ma peine ?
Achevez mon trépas.

### MEDEE, & le CHŒUR.

Non, non.... Que tout gémisse !
Que tout frémisse !
Quelle douceur de voir souffrir !

### EGLE.

Ah ! quel effroyable supplice !
Faites-moi promptement mourir.

### MEDEE.

Satisfaites le Roi, contentez mon envie.

### EGLE.

Hélas ! laissez-moi mon amour,
Prenez plutôt ma vie.

### MEDÉE.

Ma haine, en vous perdant, ne peut être assouvie,
C'est grace, c'est pitié de vous ôter le jour.

## TRAGÉDIE-LYRIQUE.
### EGLÉ.

Vous aurez beau me poursuivre,
Vous aurez beau m'allarmer,
Ce n'est qu'en cessant de vivre
Que je puis cesser d'aimer.

### MEDÉE.

Vous allez donc savoir de quoi je suis capable.
La plus horrible mort n'a rien de comparable
Au coup qui vous menace ; il est sanglant, affreux...
Moi-même j'en frémis, tant il est effroyable.

(*On apporte Thésée endormi.*)

### EGLÉ.

C'est Thésée endormi qui paroît à mes yeux !

## SCÊNE III.

THESÉE, *endormi*, & les ACTEURS PRÉCÉDENS.

### MEDÉE.

SEcondez mon courroux, implacables Furies !
Que le sang commence à couler ;
Il faut encor nous signaler
Par de nouvelles barbaries.

### LES FURIES.

Il faut encor nous signaler
Par de nouvelles barbaries.

### MEDÉE.

Votre Amant va périr, c'est vous qui m'animez
A m'en faire à vos yeux un sanglant sacrifice.

### EGLÉ.

Vous pouvez vouloir qu'il périsse,
Et vous dites que vous l'aimez !

### MEDÉE.

Il faut voir qui des deux l'aimera d'avantage,
Plutôt que le céder, j'aime mieux que la mort,
» En trompant votre amour, satisfasse ma rage.

LES

## TRAGÉDIE-LYRIQUE.

#### LES FURIES.
Ordonnez.....

##### EGLÉ, *précipitamment.*
Arrêtez, ah ! quel affreux transport !

#### MEDÉE.
» Obéissez, achevez votre ouvrage.

#### LES FURIES.
» Qu'il périsse.

#### EGLÉ.
Arrêtez, ah ! retenez leurs coups.
J'épouserai le Roi, je suivrai votre envie.
Je cede ce Héros, que sa main soit à vous,
Rien ne m'est si cher que sa vie.

#### MEDÉE.
Mais aurez-vous bien le pouvoir
De lui paroître ingrate, insensible, volage ?

#### EGLÉ.
C'est lui faire un cruel outrage.
J'aimerois mieux ne le pas voir.

#### MEDÉE.
Non : il faut à l'instant lui déclarer vous-même
Que votre cœur l'immole à la grandeur suprême,

THESEE,

Tandis que je feindrai d'agir en sa faveur :
Enfin, je veux gagner son cœur,
Par le secours de ma Rivale.

*E G L É, à part.*

Dieux ! quelle contrainte fatale !

*M E D É E.*

Pour le prix de ses jours attirez ses mépris,
Ou la mort....
*E G L É, vivement.*
Non, qu'il vive, il n'importe à quel prix.
Je veux tout, je puis tout pour sauver ce que j'aime :
Mon amour vous promet de se trahir lui-même,

*M E D É E ordonne aux Furies de se retirer, &
le Théâtre change.*

(*Les Furies se retirent.*)

» Il suffit. Demeurez avec lui dans ces lieux ;
» Profitez des momens que ma bonté vous laisse.
» Si ses jours vous sont chers, gardez votre promesse,
» Ou bientôt tout son sang va couler à vos yeux.

(*Elle sort en touchant Thésée de sa baguette magique.*)

## SCENE IV.

*Le Théâtre représente un Isle enchantée.*

THESÉE, EGLÉ.

THESÉE, *éveillé*.

(*appercevant Eglé.*)

» Où suis-je?... par quel charme?... adorable
   Princesse !
    » Ah ! c'est donc vous que je revoi !
» Dieux ! quel moment ! quel prix de ma tendresse !

EGLÉ, *à part.*

» O Ciel !

THESÉE.

» Un trône offert & l'amour d'un grand Roi
   N'ont donc pu vous rendre infidelle ?

EGLÉ, *à part.*

Dieux ! quelle contrainte cruelle !

THESÉE.

Mais où détournez-vous vos regards pleins d'appas ?
    Ah ! ne me privez pas,
  Charmante Eglé, de la faveur suprême
De lire dans vos yeux l'excès de mon bonheur.

## THESÉE,

### EGLÉ, à part.

» Eh ! comment lui cacher mon embarras extrême,
» Et le trouble affreux de mon cœur ?

### THESÉE, avec vivacité.

» Eglé ! ...

### EGLÉ.

(à Thésée.) (à part.)
Théfée..... O Dieux !

### THESÉE, vivement.

Eglé ! quelle rigueur !
» Vous fuyez mes regards ! à quoi dois-je m'attendre ?
» Ingrate ! vous me trahiffez :
» Vous préférez le trône à l'Amant le plus tendre.
» Cruelle ! vous me haïffez.

### EGLÉ, à part, & allarmée.

» Si dans mon cœur il pouvoit lire !

### THESÉE.

Eglé ne m'aime plus, & n'a rien à me dire ?
Qu'avez-vous fait des nœuds que l'Amour fit pour
  nous ?
    Quoi ! pour les brifer tous,
Un jour, un feul jour peut fuffire !

J'aurois abandonné le plus puissant Empire,
Pour garder des liens si doux.

### EGLÉ.

Cessez d'aimer une volage,
Faites sur vous un noble effort,
Servez-vous de votre courage
Pour trouver un plus heureux sort.

### THESÉE, vivement.

Je ne m'en servirai que pour chercher la mort.
Si la belle Eglé m'est ravie,
Je ne prétends plus rien,
Je perds l'unique bien
Qui m'auroit fait aimer la vie.
» Quand je livrois mon ame à l'espoir le plus doux,
» Hélas! c'étoit pour la trouver coupable.
» Qu'ai-je à craindre encor de tes coups?
» Acheve, accable-moi, destin impitoyable !

### EGLÉ.

Hélas !

### THESÉE.

Vous soupirez, vous répandez des pleurs !

### EGLÉ.

Non, non, sans m'attendrir, je verrai vos douleurs.

### THESÉE.

Vous voulez me cacher vos larmes.

### EGLÉ.

Ah ! que vous me causez de mortelles allarmes;
On vous a peut-être entendu,
Thesée ! & vous êtes perdu.

### THESÉE.

Rassurez-vous, non, ma belle Princesse,
Si vous m'aimez toujours, ne craignez rien pour moi.

### EGLÉ.

Que nous payerons cher un instant de foiblesse.

( *bas.* )               ( *haut.* )
Il y va de vos jours.         J'épouserai le Roi.

### THESÉE.

C'est trop appréhender que le Roi ne s'irrite,
Il faut vous dire tout, l'Amour m'en sollicite;
Je suis fils du Roi.

### EGLÉ.

Vous, Seigneur !

### THESÉE.
Je n'ai montré d'abord que ma seule valeur.
C'étoit à mon propre mérite
Que je voulois devoir ma gloire & votre cœur.
### EGLÉ.
Le Roi, le monde entier prendroient en vain les armes,
Il n'eſt rien de ſi fort que Médée & ſes charmes.
» Non, non, n'eſpérons pas appaiſer ſon courroux.
» Cédons à nos deſtins, à Médée invincible,
» Pour vous ſon cœur barbare eſt devenu ſenſible :
» Elle veut que demain le Roi ſoit mon époux.
### THESÉE, vivement.
» Votre époux ! je frémis...Dieux ! conſentiriez-vous ?
### EGLÉ.
Je ne puis vous ſauver ſans cet hymen horrible.
### THESÉE.
#### Duo.
Quoi ! le Roi ſeroit votre époux ?
Non, cruelle, il n'eſt pas poſſible.
Laiſſez armer plutôt tout l'Enfer en courroux,
Le trépas eſt cent fois plus doux,
Qu'un ſecours ſi terrible.
### EGLÉ.
» Ah ! laiſſez-moi fléchir Médée, & ſon courroux,

# THESÉE,

» Je veux, s'il est possible,
» Appaiser ses transports jaloux.

ENSEMBLE & *alternativement.*

| EGLÉ. | THESÉE. |
|---|---|
| Vivez, vivez, s'il est possible, | Vivez, vivez, s'il est possible, |
| Et laissez-moi mourir pour vous. | Et laissez-moi mourir pour vous. |

» Ah ! quel supplice !
» Que de tourmens !
» Quelle injustice,
» De briser des nœuds si charmans !

# SCÊNE V.
## MEDÉE, EGLÉ, THESÉE.

*MEDÉE.*

FINISSEZ vos regrets, c'est trop, c'est trop vous plaindre :
Je viens d'entendre tout, il n'est plus tems de feindre.

*EGLÉ.*

Pardonnez à l'Amour qui ne m'a pas permis
De tenir ce que j'ai promis.

*THESÉE.*

Vengez-vous sur moi seul de notre amour extrême.

*EGLE.*

TRAGÉDIE-LYRIQUE.

*EGLÉ.*

C'est par mon seul trépas qu'il faut nous désunir.

*THESÉE.*

Sa vie est la faveur que je veux obtenir.

*EGLÉ.*

Conservez ce Héros, sauvez-le pour vous-même.

*THESÉE & EGLÉ.*

Épargnez ce que j'aime,
C'est moi qu'il faut punir.

*MEDÉE.*

Je vous aime Thesée, & vous l'allez connoître :
Le crime enfin, commence à me paroître affreux,
Votre vertu m'inspire un dépit généreux.
Je rendrai ce que j'aime heureux,
Puisque mon cœur ne peut l'être.

*THESÉE & EGLÉ.*

Quel bonheur surprenant pour nos cœurs amoureux !

*MEDÉE.*

Gardez vos tendres amours,
Goûtez-en les charmes,
Aimez sans allarmes,
Aimez-vous toujours.

G

## THESÉE,

**THESÉE & EGLÉ.**

Gardons nos tendres amours,
Goûtons en les charmes
Aimons sans allarmes,
Aimons-nous toujours.

**MÉDÉE, à part.**

»Ah! quelle affreuse violence
»Il faut que je fasse à mon cœur!
»L'espoir d'une horrible vengeance
»Peut seul suspendre ma fureur.

*Fin du troisieme Acte.*

# ACTE QUATRIEME.

*Le Théâtre représente un Palais formé par les enchantements de MÉDÉE.*

# SCÈNE PREMIERE.

*MÉDÉE, seule.*

AH ! faut-il me venger,
En perdant ce que j'aime !
Que fais-tu, ma fureur, où vas-tu m'engager ?
Punir ce cœur ingrat, c'est me punir moi-même ;
J'en mourrai de douleur, je tremble d'y songer.
Ah ! faut-il me venger,
En perdant ce que j'aime ;
Ma Rivale triomphe & me voit outrager.
Quoi ! laisser son amour sans peine & sans danger,
Voir le spectacle affreux de son bonheur extrême !

THÉSÉE,
Non, il faut me venger,
En perdant ce que j'aime.

## SCÈNE II.

### DORINE, MÉDÉE.

» Que Théſée est heureux !

### MÉDÉE.

» Ah ! frémis de son ſort.
Dorine, c'en est fait. Tout est prêt pour sa mort.

### DORINE.

Quoi ! c'est sa mort que l'on prépare !
Le Roi le doit choisir ici pour succeſſeur,
Votre soin pour lui se déclare.

### MÉDÉE.

J'ai caché mon dépit sous ma feinte douceur,
La vengeance ordinaire est trop peu pour mon cœur;
Je la veux horrible & barbare.
Je m'éloignois tantôt, exprès pour tout ſçavoir,
Du secret de Théſée, il faut me prévaloir.
Le Roi l'ignore encore, & pour me satisfaire,

Contre un fils inconnu j'arme son propre pere.
J'immolai mes enfants, j'osai les égorger ;
Je ne serai pas seule inhumaine & perfide,
  Je ne puis me venger,
  A moins d'un parricide.

## SCÈNE III.

LE ROI, MEDÉE, DORINE, *tenant un vase.*

### MÉDÉE.

CE vase, par mes soins, vient d'être empoisonné :
Vous n'aurez qu'à l'offrir.... vous semblez étonné.

### LE ROI.

Ce Héros m'a servi ; malgré-moi je l'estime :
Puis-je lui préparer un injuste trépas ?

### MÉDÉE.

L'espoir de votre amour, la paix de vos Etats,
Tout dépend d'immoler cette grande victime.
Contre un Rival heureux faut-il qu'on vous anime ?
  La vengeance a bien des appas ;
Est-ce trop la payer, s'il n'en coûte qu'un crime ?

THESÉE,

LE ROI.

Je n'ai rien fait jusqu'à ce jour,
Qui puisse flétrir ma mémoire.
Si près de mon tombeau, faut-il trahir ma gloire?
Que ne puis-je plutôt étouffer mon amour!

MÉDÉE.

Vous avez un fils à Trésenne,
Il faudra toujours l'éloigner.
Votre Peuple pour lui n'aura que de la haîne;
Il adore Thésée, il veut le voir régner,
» Ce fils, cher à votre espérance,
» Sera-t-il toujours loin de vous?

LE ROI.

» Cessez d'aigrir un cœur jaloux,
» Et d'augmenter ma défiance.

MÉDÉE.

» N'épargnez pas qui vous offense,
» Vengez-vous, vengez-vous.

LE ROI.

Non, Non....

MÉDÉE.

Laisserez-vous votre fils sans Empire,
Tandis qu'un Etranger jouira de son sort?

Et peut-être osera s'assurer par sa mort....
### LE ROI.
Je céde aux sentimens que la Nature inspire ;
Je me rends, l'Amour seul n'étoit pas assez fort.
### ENSEMBLE.
N'épargnons pas qui nous offense,
Vengeons-nous, vengeons-nous,
L'Amour même n'est pas plus doux
Que la Vengeance.

THESEE,

## SCÈNE IV.
THESÉE, EGLÉ, LE ROI, MEDÉE,
DORINE, ATHÉNIENS.

### MEDEE.

Ne craignez rien, parfaits Amants,
Les plaisirs suivront vos tourmens.

### LE CHŒUR.
Ne craignez rien, &c.

### EGEE & MEDÉE.
Recevez la récompense
De votre constance.

### LE CHŒUR.
Ne craignez rien, &c.

### EGEE.
Oublions le passé, ma colère est finie.
Puisqu'Athènes le veut, je consens qu'après-moi,
Ce Héros soit un jour son légitime Roi.
Commençons la Cérémonie.
Qu'on apprenne à servir Théséé en Souverain.
Prenez ce vase de ma main.

### THESÉE.

## TRAGÉDIE-LYRIQUE.

*THESÉE, prenant le vase d'une main, & tirant
son épée de l'autre.*

Je jure sur ce fer qui m'a comblé de gloire,
Que je vous servirai contre vos ennemis,
Et que vous n'aurez pas de sujet plus soumis.

(*Le Roi considère avec étonnement l'épée de Thésée,
& la reconnoît pour être celle qu'il a laissée pour
servir un jour à la reconnoissance de son Fils.*)

*EGÉE, empêchant Thésée de porter le vase
à sa bouche.*

Que vois-je!.. quelle épée!.. ah! qui l'auroit pu croire?
O Ciel! j'allois perdre mon fils!
J'avois laissé ce fer pour ta reconnoissance,
Mon fils! ah! mon cher fils! où nous exposois-tu?

### THESÉE.

Ce fer eut dans mes mains trahi votre espérance,
En vous montrant un fils qui n'eut point combattu.
Je voulois éprouver jusqu'ou va la vertu,
Sans prendre aucun secours d'une illustre naissance.

### EGÉE.

Ah! perfide Médée!

H

## MEDÉE.

» A ces traits furieux
» Connois une amante offensée :
» De tous deux méprisée,
» J'ai voulu vous perdre tous deux.
Mais ne vous croyez pas délivrés de ma rage,
Je n'ai point préparé la pompe de ces lieux
Pour servir au bonheur d'un amour qui m'outrage.
Démons, accourez tous, détruisez mon ouvrage,
Sortez du séjour ténébreux.

(*Les Démons paroissent avec des flambeaux.*)

## SCÈNE V.

LES ACTEURS Précedents. DÉMONS.

CHŒUR DE DÉMONS.　　　　MÉDÉE.

» Embrasons, détruisons ces lieux. 　» Embrasez, détruisez ces lieux.

CHŒUR de Peuple.

» Minerve, sauvez nous de ce ravage affreux.

## SCÈNE VI.

LES PRÉCÉDENTS. *MINERVE.*

» Fuis, barbare Medée, & respecte les Dieux.
» Vas souffrir les tourmens d'une rage impuissante,
» Fuis, porte ailleurs l'horreur & l'épouvante.

(*Médée dans son char est précipitée sous terre.*)

» Et vous, Peuple, soyez heureux,
» Minerve veillera sur vous du haut des Cieux.

### LE CHŒUR.

» O divine Pallas ! notre reconnoissance
» Ne peut égaler vos faveurs,
» Regnez à jamais sur des cœurs
» Qui réverent votre puissance.

(*Minerve remonte aux Cieux.*)

## SCÈNE VII.
### Les Acteurs précédens,
### EGÉE, *à Eglé.*

JE suis charmé de vos appas,
Je ne m'en défends pas,
Trop aimable Eglé, je vous aime ;
Mais je veux être heureux dans un autre moi-même.
Mon Rival m'est trop cher pour en être jaloux.
Je reconnois mon fils à son amour extrême ;
C'est le sort de mon sang de s'enflammer pour vous.
Que l'Hymen prépare
Des nœuds pleins d'atraits ;

Que l'Amour répare
Les maux qu'il vous a faits :
Soyez unis à jamais.

EGLÉ, THESÉE.

Soyons unis à jamais.

LE CHŒUR.

Soyez unis à jamais.

EGÉE à THESÉE.

» Je voulois vous offrir un brillant diadême,
» Mon fils remplira mes souhaits :
» Je partage avec lui la puissance suprême.

LE CHŒUR.

» Couronnez ce jeune Héros,
» C'est le Ciel qui vous inspire ;
» Il partagera vos travaux,
» Fera votre bonheur & celui de l'Empire.

LE ROI.

» Peuple, rendez hommage à votre Roi ;
» Jurez d'obéir à sa loi.

62　　　　　THESÉE, &c.

Le *CHŒUR.*

» Jurons d'obéir à sa loi.

(*On danse.*)

---

## APPROBATION.

J'ai lu, par ordre de Monseigneur le Garde des Sceaux, Thesée, Tragédie-Lyrique en quatre Actes, & je n'y ai rien trouvé qui m'ait paru devoir en empêcher l'impression. A Paris, ce 21 Février 1782.

BRET.

www.ingramcontent.com/pod-product-compliance
Lightning Source LLC
LaVergne TN
LVHW022141080426
835511LV00007B/1207